Pour la petite Alice
C K. D

À ma sœur Nathalie
Rascal

Première édition dans la collection *lutin poche* : juin 1997

Loi numéro 49 956 du 16 juillet 1949 sur les publications
destinées à la jeunesse : mars 1994
Dépôt légal : juin 1997
Imprimé en France par Maury à Manchecourt

Rascal

Petit Lapin Rouge

Illustrations de Claude K. Dubois

Pastel
lutin poche de l'école des loisirs
11, rue de Sèvres, Paris 6e

Il était une fois un petit lapin
que tout le monde appelait
Petit Lapin Rouge.

Il n'en avait pas toujours été ainsi.
Petit Lapin Rouge était né blanc,
comme bien d'autres petits lapins.

Mais un jour,
en lapin-sitting chez sa grand-mère,
il était tombé dans un pot de peinture
et en était ressorti rouge
des pattes aux oreilles…

…et jusqu'au bout de la queue.

Pour le faire redevenir blanc,
ses parents l'avaient lavé,
savonné, récuré.
Mais cela n'avait servi à rien.

Depuis ce jour,
Petit Lapin Rouge déteste
les toilettes matinales,
le savon de Marseille
et les bains du samedi soir.

Aujourd'hui, Petit Lapin Rouge
doit porter un pain d'épice,
une botte de jeunes carottes
et du sirop pour la toux
à sa grand-mère qui a la grippe.

« Ne traîne pas en chemin,
mon petit lapin », dit sa maman,
« prends bien garde aux vilains chasseurs
et surtout, rentre avant la nuit noire. »

« Oui, oui »,
répond Petit Lapin Rouge
sans écouter vraiment
ce que lui dit sa maman.

Il accroche à son bras
le lourd panier d'osier
et s'en va…

Il n’a pas fait cent pas
qu’il aperçoit une tache rouge
dans le sous-bois.

Petit Lapin Rouge trottine
de toutes ses forces
et se retrouve nez à nez
avec une fillette
toute de rouge vêtue.

« Bonjour ! » dit le lapin,
« comment t'appelles-tu ? »
« Je m'appelle Chaperon Rouge. »
« Tu es le Petit Chaperon Rouge,
le vrai ? »
« Ben oui ! »

« Et tu vas de ce pas rendre visite
à ta mère-grand,
avec ton panier rempli de galettes
et d'un pot de beurre ? »
« Tu en sais des choses, mon lapin ! »

« Nous n'avons qu'un livre au terrier,
c'est celui qui raconte ton histoire !
Je ne savais pas que tu existais vraiment… »

« Et dans ce livre qui raconte
mon histoire, est-il écrit
que nous nous rencontrons
dans le bois ? »
« Non, non, c'est un loup
que tu dois rencontrer.
L'as-tu déjà croisé ? »

« Non, je n'ai pas vu le loup.
Mais dis-moi, mon lapin,
comment finit-elle, mon histoire ? »
« Horriblement mal,
mon pauvre Chaperon,
si mal que jamais, jamais
je n'oserais te la conter. »

« Aïe, aïe, que vais-je devenir ?
Maman m'avait pourtant bien dit
de ne pas m'éloigner du chemin
et de ne pas parler aux inconnus… »

« Tu n'as rien à craindre, Chaperon,
Petit Lapin Rouge est avec toi… »
« Petit Lapin Rouge ? Le vrai ?
Le petit lapin qui est tombé
dans un pot de peinture ?
Celui qu'on a tellement lavé,
savonné, récuré qu'il déteste
le savon de Marseille ? C'est bien toi ? »
« Ben oui ! Tu en sais des choses, Chaperon ! »
« J'ai ton livre à la maison,
je le connais sur le bout des doigts.
Je ne savais pas que tu existais vraiment… »

« Alors dis-moi, Petit Chaperon,
comment se termine mon histoire ? »
« Horriblement mal, mon pauvre lapin,
si mal que jamais, jamais
je n'oserais te la conter ! »

« Aïe, aïe, aïe, deux horribles fins !
Qu'allons-nous devenir, Chaperon ? »
« J'ai une idée, mon lapin :
nous allons jouer un tour à ces écrivains
en décidant tout seuls de nos fins ! »
«Quelle bonne idée, Chaperon !
À toi l'honneur… »

« Eh bien, je décide que les loups
ont disparu de nos forêts
depuis belle lurette. »
« Bravo, Chaperon Rouge !
Moi, je décide que la chasse
est interdite pour toujours. »

«Je décide aussi que Grand-mère
et Mère-grand sont en bonne santé,
qu'elles n'ont plus besoin de nous
et de nos paniers.»

« Bien dit, Chaperon ! À moi…
Je décide que les lapins
ne se mangent plus,
ni à la bière, ni aux raisins. »

«On y arrive, Petit Lapin…
Que penses-tu de cette fin :

… Le soleil brille, le ciel est bleu,
les oiseaux chantent,
un lapin et une petite fille
pique-niquent paisiblement
sur un tapis de fleurs odorantes… »

« Pas très original, Chaperon,
mais cela me convient parfaitement ! »
« Je déplie la nappe ici ? »
« Cette clairière me semble idéale ! »
« Eh bien, mangeons, mon lapin...

… j’ai une faim de loup ! »